U0076557

地震篇

目錄

一探究竟

天搖地動，正在顫動的大地！是地震。

地震是地球上的一種自然災難。古時候，居住在地震帶上的人們飽受地震的威脅。由於科學不發達，所以不明白什麼是地震。於是，他們各自揣測，有了許多有趣的地震傳說。

中國的大地就漂在海面上，而海底住了一種龍頭魚身的大「鰲（ㄠˊ）魚」。時間長了，大鰲魚就會想翻一下身，牠的大翻身讓大地顫動起來。

日本其實就浮在一隻鯰魚（Catfish）的背上。而日本的鹿島大明神用一塊叫「要石」的巨石壓住鯰魚。當大神打瞌睡鬆手時，鯰魚會趁機遊動，導致地震。

北美洲一些原住民部落相信，大地是由幾隻烏龜馱著。每當烏龜一起吵架時，大地就會震動。

希臘有海神波賽頓（Poseidon）引發地震的神話故事。

中美洲認為有四位神抬著地球。當地球太擁擠了，他們就會搖晃某一端來甩掉一些人。

但是，這些傳說都只是有趣的故事而已，真正地震發生的原因可不是這樣呢！這一次，小太陽會帶你一同經歷大地震，讓你看看地震對自然界的破壞。

橋斷裂

房屋倒塌，人們失去家園

河流改道、地表變形

分秒必爭的救援隊

傷亡

地震是不可避免的自然現象，可是為了減輕地震對我們的危害，我們必須採取一些措施保護自己的安全。首先要了解地震，然後掌握防範和自救的相關知識。

引起海嘯

讓我們一起為小太陽加油打氣，祈求他們與大家平安地渡過這一次的地震災難！

角色介紹

個性

非常有時間觀念，急躁，愛催促大隊。

超能力

一部時光機，能控制時間，不但能回到過去，穿梭到未來，還能讓時間停止。

個性

自我感覺良好，總覺得自己是高水準動物。

超能力

身體裡面的魚是思維的控制中心。模仿能力很強，可以變成任何物體。遇到險境時，是隊裡的逃難救星。

個性

比較害羞和溫順，是善良可愛的小植物精靈。

超能力

不斷地向它澆水會變得非常巨大。在遇到頑敵時，是小太陽隊裡的殺手鐧。

個性

聰慧冷靜，反應敏捷，脾氣溫順，但囉唆愛嘮叨。

超能力

體內充滿太陽能，能發電，具有讓生物復活的特異能力。

個性

急性子，迷糊。平日好玩，常自作聰明，好奇心重，但本性善良，視大陽為偶像。

超能力

太生氣時，頭上會射出高能量的藍火焰。藍火焰會將周圍的東西燒焦。

布克老師
(Teacher Poker)
小時候發生的一場大地震導致他失去了雙親,這也造成他心中無法磨滅的陰影。

鼻涕文
(Mann)
貪吃、調皮、膽小,受不了誘惑,答應跟阿力脫離大隊去探險,結果卻闖禍了。

目目
(Moo)
喜歡跟阿力作對,兩人很容易為了小事而發生爭執。有愛心、勇敢,非常有義氣。

阿力
(Lad)
與目目互看不順眼,經常起衝突。好玩,經常做出令人頭疼的行為。

喵啦
(Meow)
可愛,討人喜愛的女生,面對災難時,並沒有感到害怕而退縮,反而變得更勇敢。

DANGER

WARNING

16

別搶我的對白，是我不想看到你才對！

Blek！

誰想看你啊？四眼田雞！

討厭！討厭你！

你們再胡鬧就不准吃午餐！

你倆別打了！

冷靜點嘛！

你們的午餐來了！

哇，看起來好可口啊！

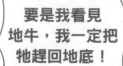
要是我看見地牛，我一定把牠趕回地底！

雞塊！

雞塊！

怎樣能預先知道會發生地震呢？我害怕看見地牛。

有一種儀器叫做地震儀，用來監視地震的發生，記錄地震相關資料的儀器。

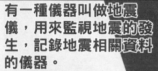

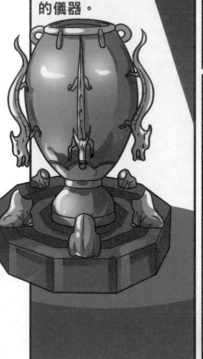

或許你也可以觀察動物。動物的感覺器官比人類發達，所以對地震的反應是很敏感的。

例如，地震發生前，牛、羊、騾、馬都不願意進入棚內。

鯰魚會在湖面上跳躍、老鼠會從巢穴逃出來。

天搖地晃啊！

轟隆隆隆！怎麼開始站不穩了呢？
哎呀，是地面在搖晃，甚至開始斷裂了！

眼前正在發生的，就是地震。地震是地球表面的一種震動現象，由地球的內部運動所引起。小朋友們可以試著想像，地球內部的構造就好比一個蛋：蛋黃是地核，蛋白是地函，蛋殼是地殼。而多數的破壞性地震，其實就發生在地殼和上地函的一部分。

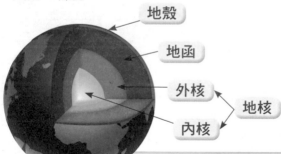

- 地殼
- 地函
- 外核
- 內核
- 地核

地殼上有一層岩石圈，人類與其他生物就居住在岩石圈的板塊上面。然而，那不是一個完整的地球表面，它就像拼圖一樣，有大小不一的七個板塊。

地球的七大板塊
- 歐亞板塊
- 太平洋板塊
- 北美洲板塊
- 南美洲板塊
- 非洲板塊
- 印度－澳洲板塊
- 南極洲板塊

（圖片出處：www.newsmth.net）

EARTHQUAKE

板塊與板塊之間的交界處，也是大部分火山和地震發生的地帶。由於板塊會浮動，且長期地相互擠壓和碰撞，到了某個限度，部分岩石圈受不了就斷裂了。這種巨大的摩擦力傳到了地面，使我們感覺到「地震」。

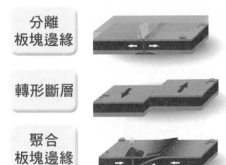

分離
板塊邊緣

轉形斷層

聚合
板塊邊緣

板塊的三種運動方式

(圖片源自：www.ciwen.org)

分離板塊邊緣

兩個板塊相互排斥、分離。岩漿會從它們之間的縫隙湧出，產生新的岩石圈。沿著板塊的分界線常會發生地震，例如：東非大裂谷。

東非大裂谷（East African Rift Valley）

轉形斷層

由於板塊彼此只是在邊界互相滑動和擦過，所以它們各自的表面面積不會增加或消滅。這是一種巨大垂直的移斷層，例如：美國加洲的聖安地列斯斷層。

(圖片源自：www.sanandreasfault.org)

聖安地列斯斷層（San Andreas Fault）

聚合板塊邊緣

兩個板塊相遇而碰撞，較重的板塊（海洋板塊）會移到較輕的板塊（大陸板塊）下面。這是巨大的擠壓變形能量，因為老的岩石圈又下降到地函中產生大量熔岩，直到累積已久的能量瞬間釋放時，地震就發生了。

板塊的位置雖然不斷地在變化，但它的移動速度其實非常緩慢，我們很難察覺得到。它們每年可能移動幾公分至十幾公分而已。

DANGER

WARNING

33

也好！

老師，這裡太大了，不如我們分開找吧！大家十分鐘後再回到這裡集合！

圓圓、目目，你們跟我去那一邊找！

小陽、喵啦，你們跟老師去另一邊找哦！

看來，地震是停下來了！

不過建築物現在很不穩固，你們要小心一點！

地震的威力！

地震形成時，將以波的方式來傳遞能量。這時會出現兩種波：

波傳遞的方向 ➡

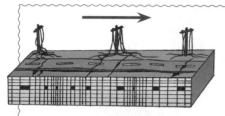 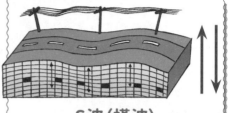

P波（縱波）	S波（橫波）
地震發生時最早抵達地面的是P波（Primary wave）。它的力量是平行且前後搖擺，能在固體、液體和氣體中傳遞，所以能夠傳到地球的任何一個地方。	緊接而來的是速度僅次於P波的S波（Secondary wave）。這種波的震動比P波大，破壞性較強。它以上下震動的模式進行，所以建築物會垮。S波只能在固體中傳遞。

如何分辨地震的震度（強度）

科學家測量地震震度的儀器叫做地震儀。

發生地震時，地震儀能夠放大和記錄地面的運動。地震儀所記錄的資料會構成一幅地震圖，讓科學家一目了然，方便他們計算出地震的位置和震級。地震儀會日夜偵測，協助人們了解地面的運動狀況。

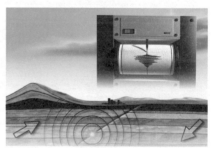

地震時，地震儀就會有反應，能記錄下人們感覺不到的微型地震

東漢時代的科學家張衡發明了世界上最早的「地震儀」

EARTHQUAKE

此外，芮氏規模（ML）可用來標示地震的強弱度，這是目前國際通用的芮氏分級表。地震震級分成 9 個等級，而不同的級數，都會有不同程度的影響。

程度	芮氏規模（ML）	地震影響	大約發生頻率（全球）
極微	1	很小，沒感覺	約每天8000次
甚微	2	人一般上感覺不到，但設備有紀錄	約每天1000次
微小	3	有感覺，但較少會造成損失	估計每年49000次
弱	4	若在室內，會看見物品開始搖晃，發出聲音，少數人會被驚醒。地震強度超過4.5級時，全球的地震儀就能夠檢測得到	估計每年6200次
中	5	對防震設計不好、偷工減料的建築物造成嚴重損壞；對設計優良、結實的建築物造成輕微的損害	每年800次
強	6	損壞100公里範圍內的居住區	每年120次
甚強	7	可對更大的區域造成嚴重毀壞	每年18次
超強	8	因為搖晃很大，所以行走顯得十分困難，方圓數百公里的區域可被摧毀	每年1次
極強	9	不管步或站都容易摔倒，方圓數千公里的區域可被摧毀	每20年1次

（圖片來自：www.upload.wikimedia.org）

震級能量

震級級數的不同，其能量是翻倍呈現的。
譬如，每相差1級，地震的能量就相差大約32倍；每相差2級，能量相差約1000倍。而一個6級地震就相當於32個5級地震，1個7級地震則相當於1000個5級地震！

美國於1945年投擲在日本廣島的原子彈，其能量和一個6級地震釋放的能量是相等的

第三章
鯊魚大暴走

小陽，你帶圓圓和喵啦去電子遊戲機那裡找找看！

10分鐘後，我們回到這裡集合。

好的。

阿力、鼻涕文，你們在這裡嗎？

49

55

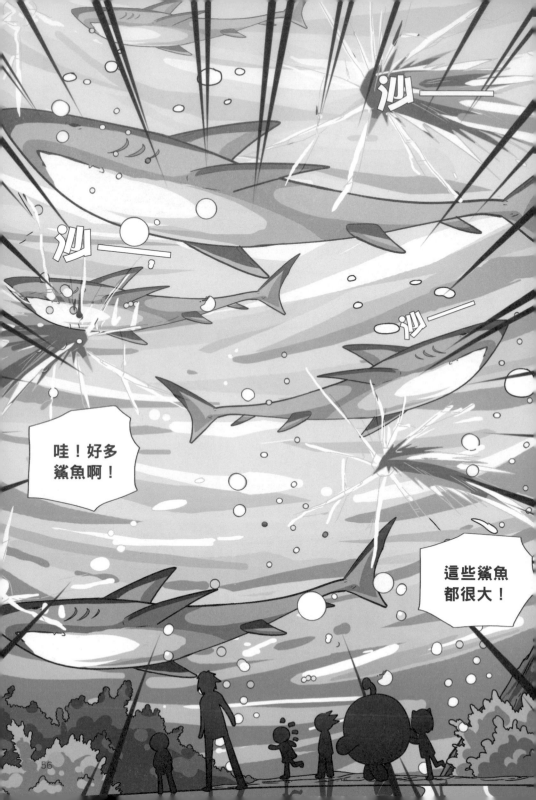

65

地震帶

科學家根據過去的觀察和經驗，整理出「地震帶」地圖。小朋友可以從中了解自己身處的地方是否會發生地震。

地圖中的紅點是主要頻發地震的區域。把這些紅點連接後，可發現「地震帶」與板塊之間碰撞的區域竟然互相吻合，表示地震正是地球內部的運動所引起的。

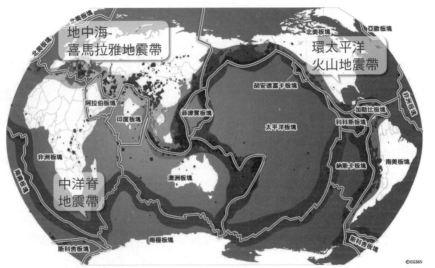

（圖片源自：www.google.com.my）

地球主要有三處地震帶：

1) 環太平洋火山地震帶（Circum-Pacific Seismic Zone）

世界上80%的地震都集中在這裡，位於此地震帶上的國家及地區主要有：日本、臺灣、印尼、菲律賓、紐西蘭等，它們的基本位置和環太平洋火山帶相同。

2) 地中海－喜馬拉雅地震帶（Alpine-Himalayan Seismic Zone）

這裡集中了世界上15%的地震。涉及的國家及地區主要有：印尼、緬甸、中國、喜馬拉雅山、伊朗、土耳其。

3) 中洋脊地震帶（Mid-ocean Ridge Seismic Zone）

這裡只含全球5%的地震，而且幾乎都是淺源地震，分布在全球各大洋洋脊處，如大西洋、印度洋、東太平洋、北極海等洋脊、海底山脈等。

EARTHQUAKE

66

（圖片源自：www.iytimg.com）

雖然馬來西亞不處於環太平洋火山地震帶，但沙巴確實有數個活斷層線，所以不時會發生輕微地震。

2015年6月5日，馬來西亞沙巴蘭瑙（Ranau）發生了6.0級地震，地震時間持續30秒

按成因，地震其實可劃分為三大類型。世界上最常發生的地震類型屬於天然地震，另外兩種分別是人工地震和誘發地震。由於地勢的不同，**天然地震**可分下三種。

構造地震（Tectonic Earthquake）
這類地震發生的次數最多，約占全世界地震的90%以上，破壞力也最大，由於地球深處發生斷層後所造成的。

（圖片源自：www.img3.hoto.cn）

8級地震讓中國汶川漩口中學的四層教學樓完全疊在一起，可見地震的威力

塌陷地震（Collapse Earthquake）
破壞力較小，很少發生，是由地層陷落引起的地震。

（圖片源自：news.jwb.com.cn）

火山地震（Volcanic Earthquake）
這類地震只占全世界地震的7%。只有在火山活動區才可能發生。

人工地震通常指工程爆破、核爆炸、物體墜落等引起的地面震動。

誘發地震是指人類工程活動所引起的地震，可分為水庫地震、礦山地震、油田注水地震等。

（圖片源自：www.tgcanada.org）

長時間的深部開採能形成誘發地震

DANGER

WARNING

第四章
危機四伏

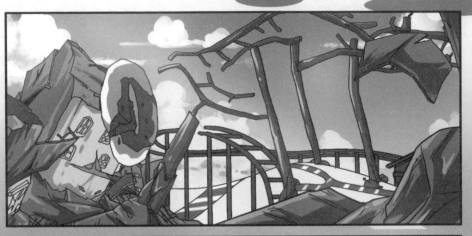

我好餓！

不，他們比我們
更需要食物。

阿力、目目，
你們和我一起去
找一些合適的用
品來給大家。

急救包裡有
罐頭，我們打開
來吃吧！

不要！

這個時候大家要團結一致，不可以鬧彆扭。

好吧……

大陽、小陽和鼻涕文，你們負責去找一些食物。

是。

你和圓圓留在這裡安慰大家、照顧傷者。

老師，我呢？

震撼世界的大地震

每一天，地球都在發生地震，一年大約有500萬次。小地震有時小得沒有感覺，但大地震就為人類的生活帶來許多變化。

大地震非常可怕，因為它在短瞬間就能將一座城市夷為平地，甚至引發其他的天災，導致數百萬人失去家園及性命。一起來看看歷年來的大地震，為人類帶來的傷亡與破壞。

智利大地震
9.5級（芮氏規模）
1960年5月22日

（圖片原自：www.a4.earthudong.com）

智利大地震是有儀器記錄以來，
威力最大的一次地震

智利是世上地震最多的國家之一，因為它處於太平洋板塊與南美洲板塊相互碰撞的位置。在1960年5月22日，智利爆發了有史以來的大地震，強度達到9.5級。

3座新火山因此而出現了，周圍的6座死火山還復活了。隨後，當地也連續發生數百次的餘震，並掀起了25公尺高的海嘯。當時，智利部分的沿海城市都被海嘯席捲了。

（圖片原自：www.uploadwikimedia.org）

智利大地震發生後的38小時，
突然爆發的Cordón Caulle火山

當時海嘯形成
的視頻

南亞大地震也引來破壞性
最大一次的海嘯

印度洋大地震
9.3級（芮氏規模）
2004年12月26日

印尼蘇門答臘西北的海底有
一條長1000公里的地殼斷層
裂開，造成了9.0級的強烈地
震，引來了一場大海嘯，導致
全球總計二十多萬人喪生。

東日本311大地震
9.0級（芮氏規模）
2011年3月11日

311大地震是日本人難以磨滅的傷
痛。當時的大地震有9.0級，是全世
界第三高。事後的三分鐘，日本政
府也迅速發出海嘯預警信號。
地震和海嘯的毀滅力量，導致日本
福島的第一核電廠發生爆炸，大量
放射性物質因而洩漏，危害當地人
民的健康。

福島第一核電廠事故

2010年海地地震
7.3級（芮氏規模）
2010年1月12日

由於海地是西半球最貧窮的
國家，其應急的救援能力非
常薄弱，這次的地震對這國
家更是不堪一擊。
海地所處的地理位置也是地
震活躍地區，歷史上曾多次
遭遇強烈的地震。而2010年
這一場地震竟造成了46190
～316000傷亡。

海地人民的生活環境需要更長時間
來恢復，也被聯合國糧食及農業組
織列入「經濟脆弱」國家行列

痛心的回憶

85

在七歲那年，我第一次
經歷地震。

房子都倒塌了，我被壓在廢
墟裡三天三夜。

是爸爸媽媽用身體
保護了我。

就在我奄奄一息，想要
放棄的時候

救援人員發現了我。

93

看到你們這麼勇敢，我一定要振作！

布克老師，是你救了我們！

太好了，我們可以一起逃出去了！

唉唷！

你的腳骨折了，不能隨便移動，不然會造成二度傷害。

輕點！疼！

好痛！

認識地震用詞與異象

震央和震源

震源 地震發生的位置（都在地底下）。

震央 震源在地面上的垂直線，也稱極震區。而震央是地表距離震源最近的地方，震動也最強烈，因此受地震破壞程度最大。

震源深度 震央到震源的深度。

震央距離 觀測點到震央的距離。

震源距離 觀測點到震源的距離。

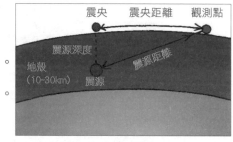

地震光

地震光（Earthquake Light）是地震時，震區受到震動波，其上空出現的一種光。雖然它持續的時間不久，只有幾秒至幾十秒，但人們用肉眼還是可以看見這種自然現象。

（圖片來源：http://www.img1.mydrivers.com）

1965年，日本發生了松代大地震；1976年，中國的河北省發生了唐山大地震。這兩次的大地震都讓當地出現了大量的地震光。

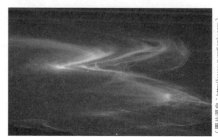

（圖片來源：http://www.guardianiv.com）

地震光在地震發生的當下最明顯。有人說地震光與極光非常相似，因為它的光譜可從白至藍交替，甚至更多層色。

無論如何，地震光的大小和亮度不一定與地震級數或地震烈度成正比。

EARTHQUAKE

地震前的異象

地下水的異常變化

地震前地下岩層受力變形，因此岩層裡的地下水狀況也會跟著改變。這些變化都有可能透過井水、泉水等反映出來。

水位、水量反常地上升或下降，有時候還出現井水溢出、自噴等現象。

水溫超過正常變化範圍，或其他現象如冒泡、噴氣發響、井壁變形等。

井水、泉水的水質產生變化，如變色、變味（變苦或變甜）、變渾，有異味等。

動物行為異常

動物對於低頻率震動比人類敏感，能感覺到地震前物理、化學變化而做出異常的反應。以動物來預測有否地震，須先詳細探討其行為的成因。因此，使用精密的科學儀器直接量測地球物理異常現象，是最準確和有效的方法。

海鷗受驚似地離開經常棲息的地方，可能是地震的前兆，又或者其他原因所引起

奇怪的地聲與地震光

地聲類似機器轟鳴聲、雷聲、炮聲等，一般出現在震前幾小時或幾天；地震光則出現在震前數小時、更早或震時，有帶狀光、片狀光、球狀光等，顏色多樣，地聲與地震光有如一對孿生兄弟，出現在地震前，給人們發出警報。

以上種種異象也有可能是被其他因素所影響，但為了安全起見，應該及時反映給地震部門去查明原因，做出判斷。

第六章
可惡的流氓

老師，我們來救你們了！

那是什麼？

是大陽和小陽！

你們快點爬上來！

103

104

預防很重要

地震為人們帶來的破壞非同小可。一直以來，科學家和地震學家致力研究地震預測技術，希望能在地震發生前，掌握到發生地震的準確資料，如：地震時間、地點、規模和震度。但是目前這項技術還未完全成熟。

回顧以往的大地震經驗，人們發現造成嚴重傷亡的其實不是地震，而是建築物的結構不足以承受地震的搖晃而倒塌了。所以，位於地震帶的國家都儘量採用耐震設計的建築結構，作為抗震減災的第一道防線。

臺北101大樓，其建築結構就有了多層面的抗震科技。

臺北101頂樓上的風阻尼器
（Tuned Mass Damper）

（圖片來源：www.technews.tw）

颱風或地震的「襲擊力量」會使建築物擺動，其擺動能量會被傳導至金色大球中和起來，透過物理力量阻止建築物發生形變。

台灣建築物的柱子設計

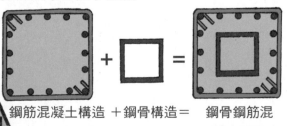

鋼筋混凝土構造 ＋鋼骨構造＝ 鋼骨鋼筋混凝土構造

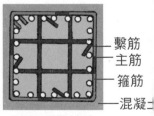

繫筋
主筋
箍筋
混凝土

箍筋及繫筋的捆綁方式

EARTHQUAKE

建築結構的技術層面與地震時造成的傷亡有著莫大的關係。我們看看智利與海地，這兩個國家在2010年分別發生了大地震。

智利當時發生了8.8級的地震，死了700人左右；而海地的7級地震比智利「輕」，卻死了至少200000人。這是由於海地建築施工簡陋，而智利則採用了更有品質的建築結構。

智利全民的防震意識很強。由於地震多，樓房不會蓋得很高。路道也很寬闊，有利人們緊急逃生，所以當地因地震而死亡的人數一直不多。

阻泥器

隔離體

智利的建築多數都建在隔離體上，並裝有阻尼減震控制系統。鋼骨架可隨震波擺動，減少外力對建築物的衝擊，可以給人們寶貴的逃生時間和空間。

防震演習

在學校或家裡經常進行防震演習，能避免地震時驚慌失措，更能冷靜、沉著地做出應變。以下是自救求生的基本方法：
1. 事先有一定準備
2. 地震時能抓住預警時機
3. 選擇正確的避震方式和避震空間

蹲下或坐下，儘量蜷曲身體，降低身體重心，用手或枕頭等保護頭部和頸部

地震後，快速及有秩序地撤離到安全的地方

DANGER

WARNING

第七章
逃出生天

121

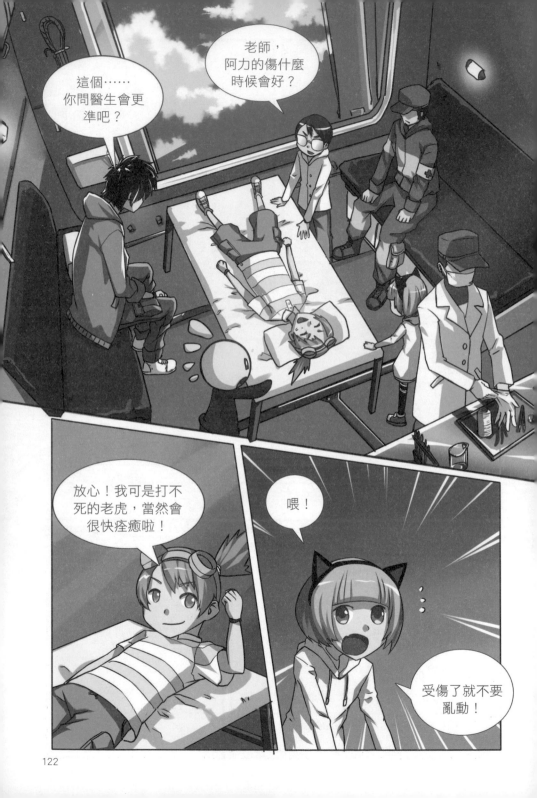

幸好你們及時替他固定骨折受傷部位，避免了進一步的損傷。我已經注射了抗生素，所以目前並無大礙。

那我就放心了。

謝謝醫生！

快看！這裡可以看到整座遊樂園！

我的天啊！

整座遊樂園都塌陷了……

地震自救！

在家裡的時候

立刻將門窗打開，確保逃生口，以免建築物因地震而變形，無法進出。

保持鎮定，並迅速關閉電源、火源及瓦斯。

趕緊在堅固的梁柱、床鋪、家具等旁躲避，並隨手拿個墊子或枕頭來保護頭部。

不要急著往外跑，以免遭掉落物擊傷。

不要靠近窗戶，以防玻璃震破；注意易掉洛物品，如吊扇、燈具等，以防被砸傷。

不可搭乘電梯。被困在電梯內的話，應保持冷靜等待救援。

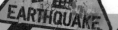

在外面的時候

應該做

立即跑到空曠處，蹲下或趴下，用手或東西保護頭部。

不應該做

不要靠近建築物、電線杆、招牌、樹木，以免被砸傷。

不要緊急煞車，應該將速度減慢，停靠在道路旁，關閉引擎。用收音機獲取最新消息。需要避難時，則要從車上下來，徒步到空曠處避難。

不要靠近海灘、港口，因為地震可能引發海嘯。

撤離時，整理好所需物品

為了方便攜帶，平日應將必要物品準備好，以便發生緊急情況時可以隨時取用。裝入包裡的物品有：身分證或護照的影印本、現金（多準備些零錢）、衣物、襪子、手套、雨具（雨傘）、手電筒、收音機、一套急救醫藥用品、常備藥品、打火機或火柴、塑膠袋、馬上可食用的食品、水等。

國家圖書館出版品預行編目（CIP）資料

小太陽奇遇探險王～天災警報系列1《山崩地裂》
地震篇／賴善美,碰碰腦創意工作室著；單斌斌繪. --
初版. -- 臺北市：臺灣東販股份有限公司, 2024.01
136 面；14.8×21 公分
ISBN 978-626-379-177-0（平裝）

1.CST：地震 2.CST：防災教育 3.CST：安全教育
4.CST：兒童教育

528.38   112020508

小太陽奇遇探險王～天災警報系列❶
《山崩地裂》地震篇

2024 年 1 月 1 日初版第一刷發行

著　　者　賴善美、碰碰腦創意工作室
漫　　畫　單斌斌（青島電池嶼漫畫）
主　　編　陳其衍
美術編輯　林泠
發 行 人　若森稔雄
發 行 所　台灣東販股份有限公司
　　　　　＜地址＞台北市南京東路 4 段 130 號 2F-1
　　　　　＜電話＞(02)2577-8878
　　　　　＜傳真＞(02)2577-8896
　　　　　＜網址＞http://www.tohan.com.tw
郵撥帳號　1405049-4
法律顧問　蕭雄淋律師
總 經 銷　聯合發行股份有限公司
　　　　　＜電話＞(02)2917-8022

TOHAN

益智學習單

01

美國於1945年投擲在日本廣島的原子彈，其能量和一個幾級地震釋放的能量相等？

A. 2級　**B.** 4級　**C.** 6級　**D.** 8級

02

世界上最早發明地震儀的科學家是誰？

A. 張衡　**B.** 張騫　**C.** 張儀　**D.** 張橫

03

地震形成時會以波的方式來傳遞能量，而最早抵達地面的是什麼波？

A. S波　**B.** T波　**C.** 電磁波　**D.** P波

04

芮氏地震規模（Richter magnitude scale），是一種用來表示「地震規模大小」的指標。而其分級可分幾個等級？

A. 10級　**B.** 9級　**C.** 8級　**D.** 7級

05 通常在地震發生之前，該地區大多會有異常的現象出現，以下何者不屬於地震前的異象？

A. 地下水的異常變化　　B. 動物行為異常
C. 颳起龍捲風　　　　　D. 奇怪的地聲與地震光

06 地震發生時適切的自救能減少受傷機率，以下何種行為屬於「不應該做」的行為？

A. 立刻打開門窗，確保逃生口　　B. 立刻跑到空曠處，蹲下或趴下
C. 躲避在堅固的梁柱旁並保護頭部　　D. 盡快搭乘電梯下樓逃生

07 科學家將世界分為三個主要的地震帶，我們所居住的台灣是位於哪個地震帶上呢？

A. 環太平洋地震帶　　B. 地中海－喜馬拉雅地震帶
C. 中洋脊地震帶　　　D. 大陸斷裂谷地震帶

08 世界上最常發生的地震類型屬於天然地震，下列何者不屬於天然地震？

A. 構造地震　　B. 誘發地震　　C. 塌陷地震　　D. 火山地震

EARTHQUAKE

09 每天地球都在發生地震，一年約有500萬次，而近40年來芮氏規模最大的地震是下列哪一起？

A. 2010年智利大地震　　**B.** 2011年東日本311大地震
C. 2004年印度洋大地震　　**D.** 2010年海地大地震

10 台北101大樓為了對抗颱風和地震的襲擊力量，在頂樓的結構內部設置的金色大球是哪種制震設備？

A. 黏彈性制震壁　**B.** 斜撐制震柱　**C.** 風阻泥器　**D.** 隔震墊

11 下列哪個海洋不是位於世界三個主要地震帶的「中洋脊地震帶」範圍內？

A. 大西洋　**B.** 西太平洋　**C.** 印度洋　**D.** 北極海

12 當地震發生時，我們必須即時採取自救行動，而下列哪一項是錯誤的？

A. 立刻打開門窗，確保逃生出口　**B.** 不靠近電線桿、招牌、樹木
C. 迅速關閉電源、火源及瓦斯　**D.** 為了能快速避難，緊急煞車逃出車外

解答

01：**C** 02：**A** 03：**D** 04：**B**

05：**C** 06：**D** 07：**A** 08：**B**

09：**C** 10：**C** 11：**B** 12：**D**

答對10～12題

真厲害！你是地震知識小高手，已經把本書的地震相關知識都吸收成自己的知識了喔！

答對7～9題

雖然有些地震知識還沒有吸收，但已經很棒了，只要再複習一下，一定可以答對更多題。

答對4～6題

喔喔！竟然有一半的題目沒答對，我還有很大的進步空間，讓我再好好的從頭閱讀一遍！

答對0～3題

OMG！我只答對這麼少題，到底是哪些內容沒看懂呢？我要更認真學習一下才行！

EARTHQUAKE